Ab 4 Jahren

Stefan Lamm

Kompost im KiGa

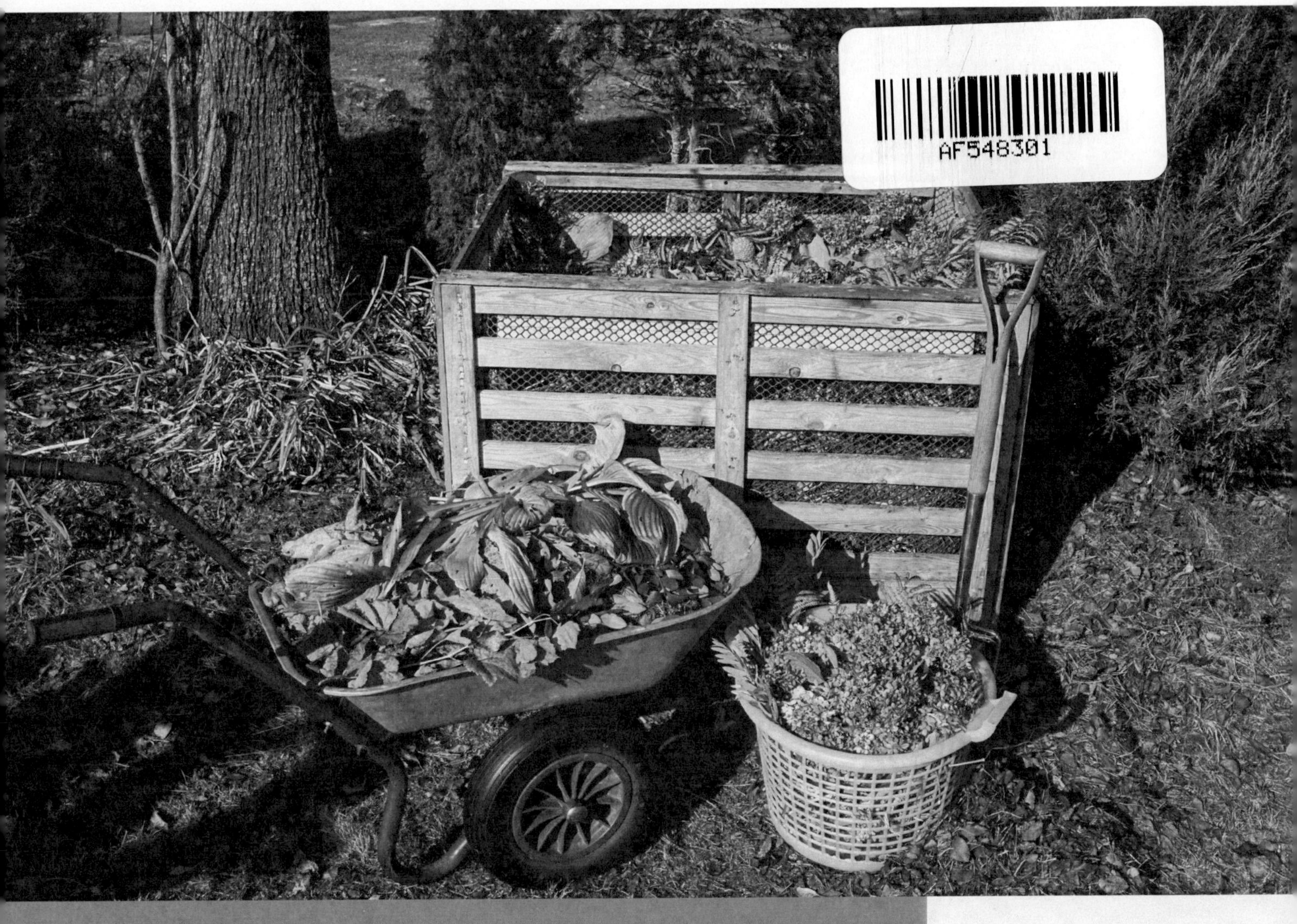

Kindgerecht, kreativ & aktiv für den Naturkreislauf sensibilisieren.

www.kohlverlag.de

Kompost im KiGa

Wissen erwerben und anwenden

1. Auflage 2022

Inhalt: Stefan Lamm
Umschlagbild: © jbphotographylt – AdobeStock.com
Redaktion: Kohl-Verlag
Grafik & Satz: Kohl-Verlag
Druck: farbo prepress GmbH, Köln

Bestell-Nr. 12 841

ISBN: 978-3-98558-242-6

Bildquellen © AdobeStock.com:
S. 5: brgfx, Anastasia; S. 6: artisticco; S. 7: m.malinika; S. 10: shockfactor; S. 11: kajani, owattaphotos, Yael Weiss; S. 12: Igor Zakowski, Yael Weiss; S. 14: ridjam; S. 15: natchapohn; S. 16: Morphart; S. 17: hrpn, AmethystStudio; S. 18: brgfx; S. 19: wektorygrafika; S. 20: zolotons, jenesesimre; S. 21: sararoom; S. 22: Iuliia, blueringmedia; S. 23: kajani, BNP Design Studio; S. 24: Катерина Тышковская; S. 25: honeyflavour; S. 26-29: tofang; S. 30: Igor Zakowski, kajani, owattaphotos, Anastasia; S. 31/40: Anastasia, brgfx, ratselmeister; S. 32/40: ratselmeister, natchapohn, ridjam, wektorygrafika, jenesesimre, AmethystStudio, brgfx; S. 33/40: brgfx, Anastasia, juliyas; S. 34/40: ratselmeister; S. 35/40: Lexi Claus; S. 36/40: wektorygrafika, jenesesimre, blueringmedia, natchapohn, ridjam, AmethystStudio, sararoom, brgfx; S. 37: abbydesign; S. 38: Lexi Claus; S. 39: ratselmeister

Inhalt

Vorwort & Hinweise	4
Vorlesetext und Info-Blätter	5 - 24
Lara und der Kompost (1)	5
Unser Kompost-Projekt	6
Kompost-Zyklus	7
Lara und der Kompost (2)	8
Kompost-Bauanleitung	9
Lara und der Kompost (3)	10
Info-Tafel – Was darf rein?	11
Info-Tafel – Was darf nicht rein?	12
Lara und der Kompost (4)	13
Ausmalbilder – Fleißige Komposthelfer	14 - 22
Lara und der Kompost (5)	23
Lara und der Kompost (6)	24
Bildkarte – Kompost-Dienst	25
Faltfiguren	26 - 29
KV – Was darf rein, was nicht? Verbinde!	30
KV – Lara im Labyrinth	31
KV – Die kleinen Helferlein im Kompost	32
KV – Lara auf Umwegen	33
KV – Finde 10 Unterschiede	34
KV – Gartensuchbild	35
KV – Ein Helferlein auf Abwegen	36
KV – Punktebild Kompostwurm	37
KV – Malen nach Zahlen	38
KV – Ausmalbild Ameisen	39
Lösungen	40

KOHL VERLAG Komposti im KiGa • Bestell-Nr. 12 841

Vorwort & Hinweise

Liebe Erzieherinnen, liebe Erzieher,

gerade für Kindergartenkinder ist es äußerst spannend vom Zyklus des Lebens zu erfahren, im Garten zu werkeln und sich dabei auch mal schmutzig machen zu dürfen. Diese Erfahrung durfte ich auch mit meiner Tochter Lara machen, als sie in dem Alter war. Lara heißt daher auch das kleine Mädchen, das in der Rahmengeschichte gemeinsam mit ihrem Papa den Komposter erkundet. Diese Geschichte dient als Vorlesegeschichte und rahmt die Info- und Arbeitsblätter ein.

Die vorliegenden Arbeitsblätter zielen ganz bewusst nicht auf die reine Wissensvermittlung ab, sondern sollen die Kinder für die Natur, den Kreislauf des Lebens und das verantwortungsvolle Miteinandner mit unserer Tierwelt sensibilisieren. Ein Wurm ist eben nicht **nur** ein Wurm, sondern er hat seinen Platz im Gefüge der Natur. Ein Platz, der gerade für uns Menschen hohe Bedeutung hat. Wird der Kreislauf aus Wachstum, Ernte und Zerfall unterbrochen, dann werden unsere Nahrungsketten ebenfalls unterbrochen! Unsere Zeit ist geprägt durch Klimawandel, Monokulturen und Artensterben, insbesondere durch das Insektensterben. Parallel dazu wachen die Müllberge in die Höhe und auf den Äckern werden Kunstdünger und Pestizide ausgebracht ... Sie kennen die ganze Thematik.

Ein belgischer Forscher hat in den 1990er-Jahren eine interessante Modellrechnung erstellt. Danach würden wir unsere Müllberge massiv reduzieren, wenn jeder Haushalt einen Kompost anlegen und die gleiche Anzahl an Hühner halten würde, wie Personen im Haushalt leben. Kompost und Hühner verwerten einen Großteil des Hausmülls. Papier, Glas und Kunststoffe werden ohnehin recycelt. Was bleibt dann noch übrig für die graue Tonne? Die Forschungsergebnisse lassen sich hier natürlich auch auf die Düngung mit Kunstdünger bei großen Monokulturen ausdehnen. Spinnen Sie den Gedanken einfach weiter ...

Mit einem Komposthaufen im Kindi- / Schul- oder heimischen Garten haben wir eine kleine „Verwertungsmaschine", die tatsächlich aus Abfall Gold machen kann – zumindest das Gold des Gärtners. Und wenn Sie bereits ein kleines Gemüsebeet im Garten des Kindergartens stehen haben, dann schließt ein Kompost ohnehin die Lücke, damit der Kreislauf geschlossen wird. Die Rolle des „Komposti" verleiht dem Projekt zusätzliche Bedeutung, da jeden Tag/ jede Woche ein Kind als Kompostaufseher das Projekt betreuen darf und somit auch die Rolle des Komposthaufens besser verinnerlichen kann.

Natürlich ist ein kleiner Komposthaufen im Garten nicht die Lösung für globale Probleme, aber Veränderungen fangen bekanntlich im Kopf an ...

Wir wünschen Ihnen und Ihren Schützlingen viel Freude beim Kompostieren.
Das Team des Kohl-Verlags und

Stefan Lamm

Vorlesetext (I) – Lara und der Kompost (1)

Lara hat sich vom Apfelbaum in ihrem Garten einen Apfel geholt. Diese Äpfel mag Lara ganz besonders gerne. Ihr Papa schält den Apfel, teilt ihn in 4 gleiche Teile und schneidet das Kerngehäuse raus. Während die beiden die leckeren Apfelschnitze essen, betrachtet Lara das kleine Häufchen Apfelreste vor sich. „Bringen wir diesen Müll jetzt zu dem neuen Kasten im Garten?"

Gemeinsam mit ihrem Papa geht sie nun in den Garten und wirft die Apfelreste in den Holzkasten. „Papa, kannst du mir nochmal erklären, warum wir jetzt dieses Ding im Garten haben?", fragt Lara ihren Papa.

Ihr Papa erklärt: „Diesen Kasten nennt man Komposter. Jetzt können wir vieles, was wir bisher in den Mülleimer geworfen haben, hier hineinwerfen. So, wie unsere Apfelreste gerade eben. Das spart uns Geld und wir schonen die Umwelt, weil wir weniger Müll produzieren. In dem Komposter leben viele kleine Tierchen, wie Kompostwürmer, Käfer und Tausendfüßer, die sich jetzt über die Apfelschalen hermachen und diese auffressen. Wir können Obst- und Gemüseschalen, aber auch trockenes Laub, Gras oder andere Gartenabfälle in den Komposter werfen. Die kleinen Helferlein zersetzen diese pflanzlichen oder tierischen Abfallstoffen und wandeln sie in wertvolle Komposterde um. Man nennt diese Erde auch Humus oder Gold des Gärtners." „Waaaaas? In dem Kasten wird Abfall in Gold umgewandelt?", fragt Lara ganz entzückt. Ihr Papa lacht: „Ja, das stimmt. Aber nicht so, wie du es dir jetzt vorstellst. Jeder Gärtner will möglichst großes und gesundes Obst und Gemüse in seinem Garten haben. Dafür brauchen die Pflanzen Nährstoffe in Form von Dünger. Kompost ist ein solcher Dünger. Kompost ernährt Pflanzen und führt dem Boden wichtige Nährstoffe zu, sodass die Pflanzen wieder leckeres und gesundes Obst und Gemüse hervorbringen können." „Wird aus unseren Apfelresten dann irgendwann wieder ein neuer Apfel?", fragt Lara ganz erstaunt. „Kann man so sagen", antwortet ihr Papa. „Man nennt das einen Kreislauf. Eigentlich eine super Sache, aber man muss dennoch einige Dinge beachten. Schau mal, ich habe gemeinsam mit Mama diesen Plan erstellt, damit unser Kompost-Projekt auch richtig funktioniert ...".

KOHL VERLAG Kompost im KiGa • Bestell-Nr. 12 841

Unser Kompost-Projekt

Lernen mit Erfolg KOHL VERLAG Kompost im KiGa • Bestell-Nr. 12 811

Kompost – Zyklus

„... und hier siehst du diesen <u>Kreislauf</u>, von dem ich gesprochen habe. Schau mal!"

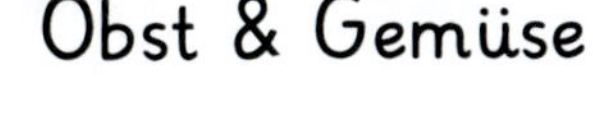

Gemüse-/Obst-abfälle, Schalen, Kerne kommen in den Kompost!

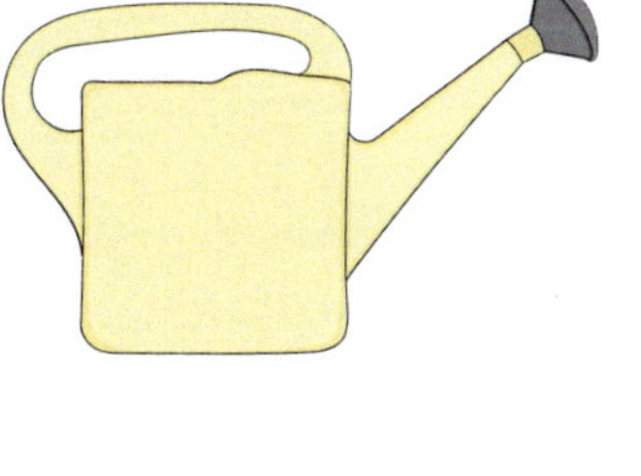

Komposterde kommt als hochwertiger Humus zurück in das Gartenbeet

KOHL VERLAG Kompost im KiGa • Bestell-Nr. 12 841

Vorlesetext (I) – Lara und der Kompost (2)

Lara und ihr Papa betrachten den Plan. „Was steht da?", fragt Lara und deutet auf den Plan. „Wenn du demnächst in die Schule kommst, kannst du das alleine lesen. Oben steht „Unser Kompost-Projekt" und dann sind 5 Schritte aufgeführt, die uns der wertvollen Komposterde näher bringen. Ich kann dir das alles in Ruhe zeigen, denn wir haben jetzt viel Zeit. Bis unsere Apfelreste zu Humus verarbeitet wurden, vergehen Monate. Ein gut aufgebauter Kompost ist erst nach ungefähr 6 Monaten reif. Es dauert also noch eine ganze Weile, bis wir mit unserer Komposterde unseren Apfelbaum düngen können."

Laras Papa zeigt auf die (1) und fährt vor: „Zuerst muss man für den Komposter einen geeigneten Platz aussuchen. Das haben Mama und ich schon gemacht. Der ideale Standort für einen Komposthaufen ist unter einer Baumkrone und, falls vorhanden, neben einem Nutzgarten. Er sollte nicht permanent in der Sonne sein, damit ein Austrocknen verhindert wird. Er sollte aber auch nicht im permanenten Schatten stehen, da sonst eine Gärung eintreten könnte." „Gärung?", fragt Lara. „Ja, dann fühlen sich die Tiere im Kompost nicht wohl und sterben. Das Material im Komposter wird dann nicht in Humus umgewandelt, sondern verfault einfach nur. Das würde nicht nur unangenehm stinken, es würde auch kein Dünger daraus werden. Dann wäre es wirklich nur noch Abfall." „Ihh", sagt Lara und rümpft die Nase. Ihr Papa erklärt weiter: „Unser Komposter steht daher im Halbsschatten und natürlich nicht auf Beton oder Steinboden, sondern auf der Erde, denn wie sollten sonst die ganzen Würmer und die anderen Helferlein in den Komposter hineinkriechen können? Außerdem haben wir etwas Drahtgeflecht unter den Komposter gelegt, damit sich keine Wühlmaus von unten in den Komposter graben kann. Diese würde nur unsere Helferlein auffressen. Außerdem kommt immer frische Luft und auch etwas Regenwasser auf unseren Komposter, denn ausreichend Luft und Wasser sind sehr wichtig, damit die Umwandlung der Pflanzenreste in Humus auch gut funktioniert." Lara hört gespannt zu und meint: „Bei uns im Kindergarten gibt es keinen Komposter, sonst würde ich dort auch meine Apfelschalen hinbringen." Plötzlich strahlt Lara: „Du hast doch unseren Komposter selbst gebaut und dazu so einen Plan gemalt. Hast du den noch? Darf ich den Plan mit in den Kindi nehmen, vielleicht können wir dann dort auch einen Komposter bauen?" Laras Papa denkt kurz nach: „Das ist eine gute Idee. Außerdem würden dann alle Kinder lernen, wie sinnvoll so ein Teil ist und dass die kleinen Tierchen nicht eklig sind, sondern unsere fleißigen Helferlein. Ich hab den Plan noch, den kannst du gerne mitnehmen. Hier ist er ..."

KOHL VERLAG Lernen mit Erfolg • Kompost im KiGa • Bestell-Nr. 12 841

Kompost – Bauanleitung

Wir benötigen:

- 20 Holzbretter: 100 cm lang, 10 cm hoch, 4 cm breit
- 8 Kanthölzer: 5x5 cm, 100 cm lang
- Lärchenholz wäre von Vorteil, da es sehr widerstandsfähig ist und daher nicht imprägniert werden müsste. Ansonten imprägniertes Holz nehmen.
- Maschendraht für den Boden (Hasendraht)
- (Stich-)Säge, Stift, Metermaß, Holzschrauben, Akku-Schrauber

❶ Bei 16 Holzbrettern die seitlichen Auskerbungen einzeichnen und aussägen:

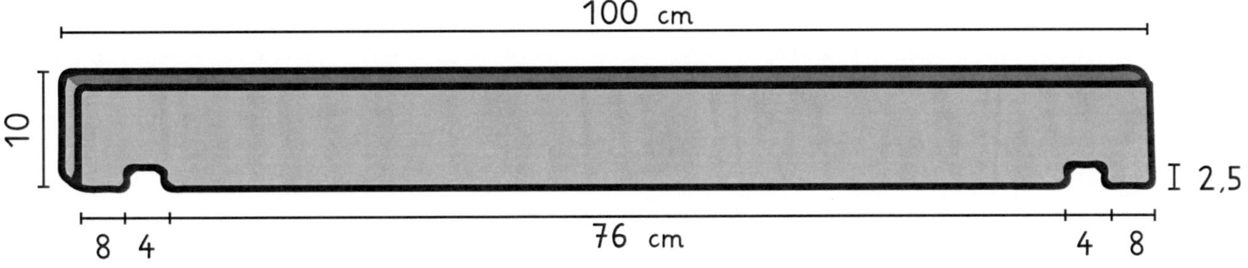

❷ Mit den restlichen 4 Brettern ein Quadrat am Boden auslegen. Danach mit den 16 bearbeiteten Brettern weitere „Ringe" aufstecken. Zum Schluss die 8 Kanthölzer hinter den Überständen anlegen, die Bretter gleichmäßig ausrichten und mit den Kanthölzern verschrauben.

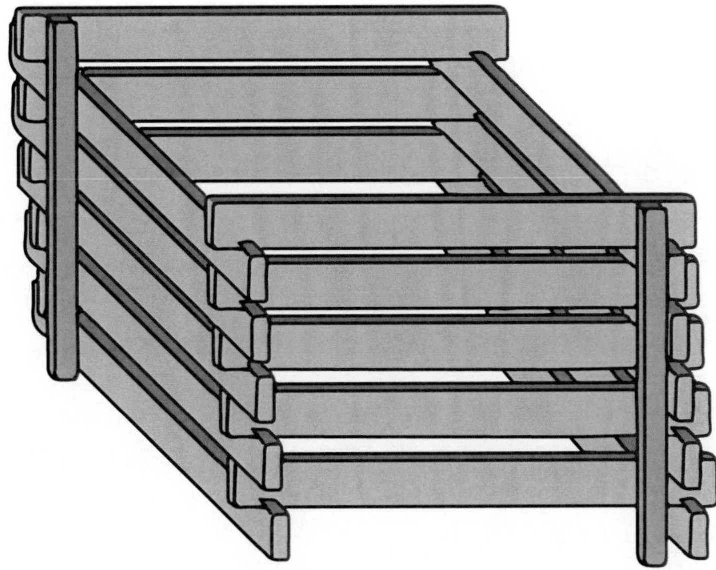

❸ Geeigneten Platz suchen, Maschendraht auf dem Boden ausbreiten und Komposter draufstellen.

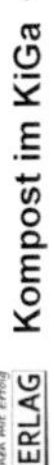

Vorlesetext (I) – Lara und der Kompost (3)

„Wir haben uns für so einen Holzkomposter entschieden und ihn selbst gebaut. Man kann aber auch entsprechende Bausätze im Internet bestellen oder im Baumarkt kaufen. Im Internet findet man auch unzählige Bauanleitungen für den Heimwerker. Es gibt nicht nur Komposter aus Holz, sondern ganz unterschiedliche Ausführungen. Es gibt spezielle Kunststoffkomposter oder Komposter aus Stahlgeflecht. Da kann jeder selbst entscheiden, welches Modell er möchte und wieviel Geld er investieren kann. Dein Opa Erich hat sich einen Komposter aus Betonplatten selbst gemacht. Die einzelnen Teile kann man einfach zusammenstecken ... du siehst, da sind der Kreativität keine Grenzen gesetzt." Jetzt hat Lara aber genug gehört von solchen technischen Sachen. Das interessiert sie nicht so sehr. Daher deutet sie mit ihrem Finger auf die nächste Ziffer auf der Projektübersicht. „Was steht da?", fragt sie laut.

„Hier steht (2): „Was darf rein, was darf nicht rein?". Mama hat dazu zwei Info-Tafeln am Computer entworfen. Diese Blätter wollen wir ausdrucken, laminieren und dann an unserem Komposter anbringen. Damit wir immer sehen können, was wir auf unseren Komposter werfen können und was da nicht rein darf.

Wir können nämlich nicht einfach alles reinschmeißen. Manche Dinge würden sich gar nicht zersetzen und andere Dinge würden verfaulen oder könnten sogar Ratten anlocken. So darfst du zum Beispiel keine Fleisch-, Fisch- oder Wurstreste kompostieren, denn gerade diese Dinge würden unangenehm riechen und für Ratten ein Festmahl sein. Bananenschalen oder Schalen von Orangen und anderen Zitrusfrüchten können zwar in geringen Maßen auf den Kompost, man muss aber wissen, dass solche Schalen sehr lange brauchen, bis sie zersetzt sind. Natürlich darf auch kein Plastik, Glas oder Metall in den Kompost oder hast du schon einmal einen Wurm gesehen, der solche Dinge essen kann?" Bei der Vorstellung muss Lara kichern. Ihr Papa fährt fort: „Was wir aber ebenfalls kompostieren können, sind unsere alten Kaffeefilter, schließlich verwenden wir nur kompostierbares Filterpapier. Und auch die ausgedienten Teebeutel dürfen auf den Kompost. Der Faden und das kleine Papierchen sind kein Problem. Sie werden ebenfalls zersetzt. Schau dir die beiden Info-Tafeln mal an. Mama hat da einige Beispiele draufgesetzt, wenn du aber Fragen hast, weil du dir nicht sicher bist, ob etwas auf den Kompost darf oder nicht, dann frag einfach nach ..."

Info-Tafel – Was darf rein?

KOHL VERLAG Kompost im KiGa • Bestell-Nr. 12 841

Info-Tafel – Was darf nicht rein?

Kohl Verlag • Kompost im KiGa • Bestell-Nr. 12 841

Vorlesetext (I) – Lara und der Kompost (4)

Lara betrachtet die Info-Tafeln und meint: „Es wäre super, wenn wir diese Tafeln direkt am Komposter anbringen könnten, damit ich immer nachschauen kann." Ihr Papa nickt: „Ja, Mama will die beiden Tafeln laminieren und dann an den Holzrahmen anheften. Und zur Not kannst du ja immer nachfragen, wenn du dir nicht sicher bist.

Lara nimmt nun wieder die Übersicht zur Hand und deutet auf den Gartenschlauch neben der (3). „Was steht hier?" fragt sie ihren Papa. Dieser erklärt:

„Da steht, dass wir daraf achten sollen, dass der Kompost immer leicht feucht bleibt. Normalerweise reicht es aus, wenn es ab und zu hineinregnet, aber gerade an heißen Sommertagen kann es sein, dass ich gelegentlich mit der Gießkanne oder dem Gartenschlacht nachhelfen muss. Weißt du warum das wichtig sein könnte?" Lara schüttelt mit dem Kopf. Ihr Papa deutet auf die (4):

„Das hat den gleichen Hintergrund wie auch bei der Maßnahme unter Punkt 4. Hier siehst du eine Schaufel und eine Grabegabel. So nennt man dieses Teil das aussieht, wie eine Küchengabel. Darunter steht, dass wir regelmäßig umgraben sollen. Durch das Umgraben kommt Luft in den Kompost und das Material wird etwas aufgelockert. Luft und Wasser sind zwei Dinge, die unsere kleinen Helferlein für ihre Arbeit dringend benötigen. Das ist genauso wie bei dir. Du hast auch Hunger und Durst und willst frische Luft, damit du richtig loslegen kannst. Wenn dir etwas davon fehlt, dann fühlt sich das nicht so gut an, stimmt's?" Das kann Lara sehr gut nachvollziehen und sie nickt eifrig mit dem Kopf: „Ja, das ist bei mir auch so. Wenn ich hungrig bin, dann hab ich auch das Gefühl, als würde mir Energie fehlen. Aber sag mal Papa, hier auf dem letzten Bild ist ja gar nichts besonders zu sehen. Nur der Komposter und sonst nichts", fragt Lara erstaunt und deutet gleichzeitig auf das Bild mit der (5).

„Da hast du Recht", meint ihr Papa. „Da steht nur, dass wir jetzt geduldig warten müssen. Es dauert einige Monate, bis die Komposterde entstanden ist. In dieser Zeit sind unsere kleinen Helferlein aktiv und machen die eigentliche Arbeit für uns. Wir geben ihnen ja nur die Nahrung und sorgen für Wasser, gute Durchlüftung und angenehme Temperaturen. Der Rest verläuft nach natürlichen Prozessen." „Aber Papa, du sprichst immer von den kleinen Helferlein. Kannst du mir mehr davon erzählen?" „Ja klar, gerne. Das sind alles kleine Tierchen: Insekten, Vielfüßer und sogar kleine Spinnen." „Ihhhhhh" kreischt Lara laut. Ihr Papa lacht: „Ja, ich weiß. Aber warte ab. Vielleicht findest du sie nicht mehr so eklig, wenn du sie näher kennengelernt hast ..."

Einer unserer fleißigsten Helferlein ist der Kompostwurm. Manche nennen ihn auch Mist- oder Stinkwurm. Kompostwürmer sind eine der am weitesten verbreiteten Arten der Regenwürmer in Europa. Wenn sie ausgewachsen sind, dann erreichen sie eine Länge von bis zu 12 cm. Die Tiere sind absolut harmlos und können dir nichts tun. Sie sind nicht giftig und können weder stechen noch beißen. Kompostwürmer werden in speziellen Wurmfarmen gezüchtet. Ihr Kot, der Wurmkompost, wird als Biodünger verkauft. In einem gewöhnlichen Komposthaufen mit einer Kantenlänge von rund 1 m (Länge, Breite und Höhe) leben bis zu 12.000 solcher Würmer.
Und wenn du wissen willst, ob du ein Männchen oder Weibchen in der Hand hälst, dann solltest du wissen, dass Kompostwürmer Zwitter sind. Das bedeutet, dass jeder Wurm sowohl Männchen als auch Weibchen ist.
Zur Paarung gehen immer zwei Würmer miteinander auf Tuchfühlung und befruchten sich gegenseitig. So können ganz schnell noch mehr fleißige Helferlein in deinem Kompost Einzug halten.

Ausmalbild – Fleißige Komposthelfer

Assel

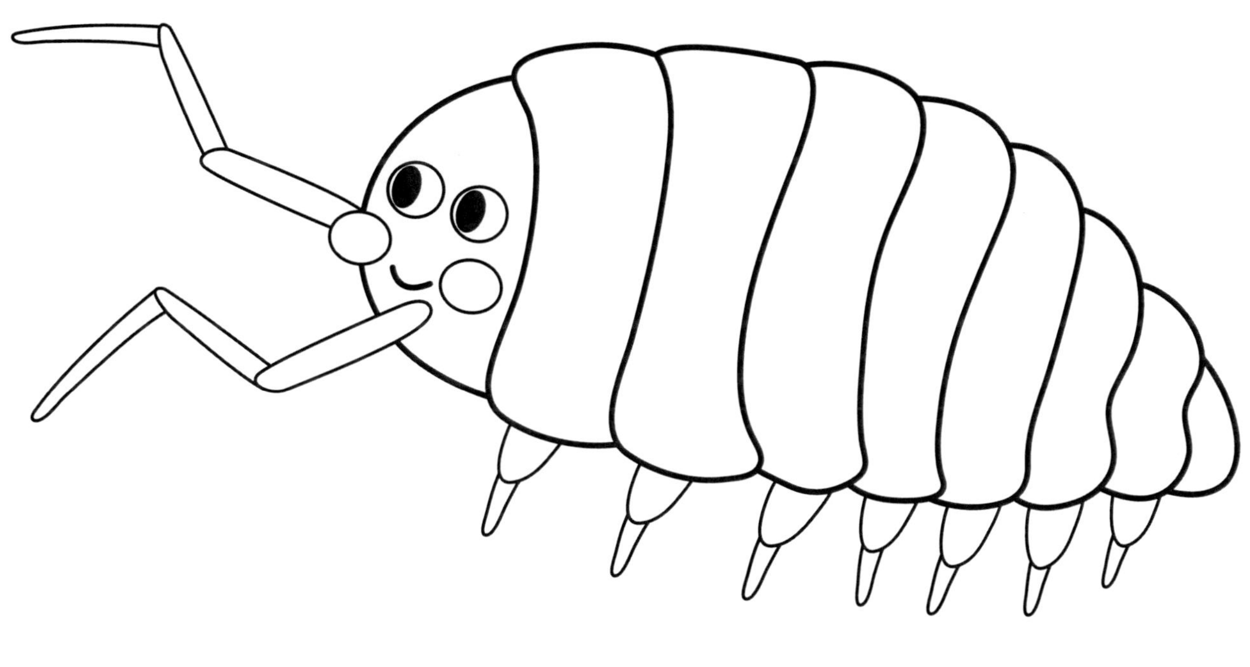

Auch wenn du vielleicht denkst, dass diese kleinen Krabbler Insekten sind, so sind es doch Krebse. Sie haben 7 Beinpaare und atmen über Kiemen an den hinteren Beinen. Diese Kiemen müssen immer feucht sein, daher findet man Asseln auch immer in feuchten Bereichen. Die fleißigen Helfer ernähren sich von abgestorbenen Substanzen. Und sie bereiten nebenbei das Feld für kleinere Lebewesen wie Springschwänze, Bakterien und Pilze, die dafür sorgen, dass aus den Abfällen wieder fruchtbare Gartenerde wird. Asseln im Kompost sind typisch für die Schichten, in denen noch grobe Teile zu erkennen sind. Es gibt weltweit über 10.000 unterschiedliche Arten von Asseln, die kleinsten Vertreter sind 0,3 mm und die größten erreichen eine Länge von 50 cm. Der ursprüngliche Lebensraum der Asseln ist das Meer, aber einige Arten haben auch das Leben an Land für sich entdeckt. Die Asseln im Kompost können dir nichts antun. Sie sind nicht giftig, können dich nicht beißen und haben auch keinen Stachel oder andere Dinge, die dir wehtun könnten. Sie sind sehr willkommen in unserem Kompost.

KOHL VERLAG Kompost im KiGa • Bestell-Nr. 12 841

Springschwanz

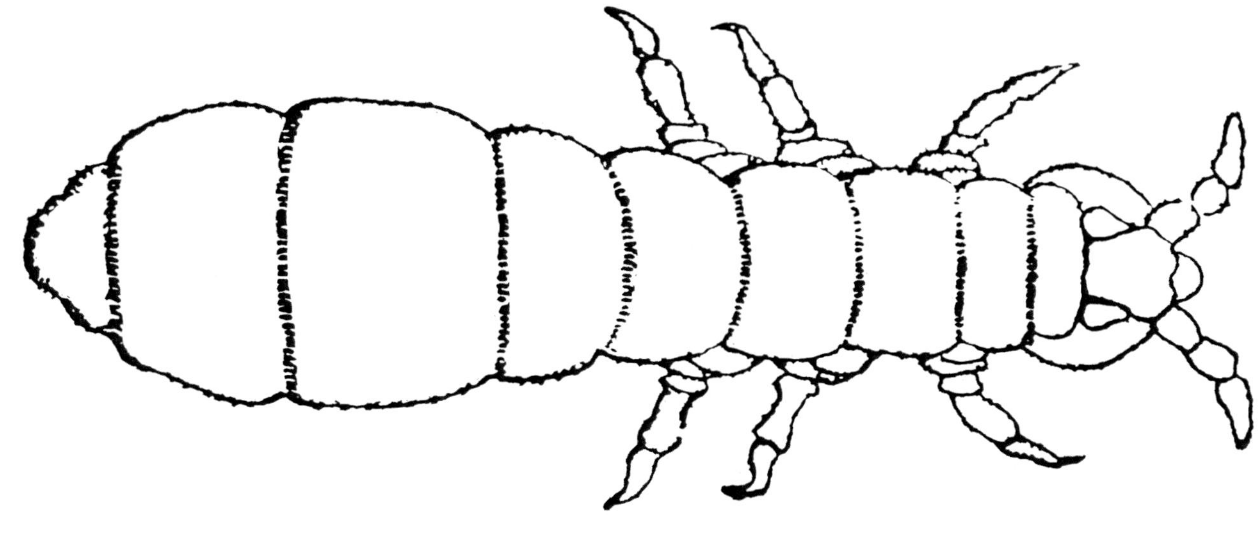

Diese kleinen Hüpfer wirst du nur sehr schwer zu Gesicht bekommen. Viele der über 500 in Deutschland vorkommenden Arten von Springschwänzen sind kleiner als 1 mm. Zumeist sieht man nur kleine Punkte, die in hohem Bogen von dir wegspringen. Ihren super Springkünsten verdanken die Tierchen ihren Namen. Und wenn dir mal einer dieser kleinen Spingkünstler auf die Hand springt, dann gibt es keinen Grund zur Panik. Auch die Springschwänze sind absolut harmlos. Die können dir nichts antun, sind nicht giftig und können werde stechen noch beißen. Obwohl Springschwänze eigentlich nicht zu den Insekten gezählt werden, wurden sie im Jahr 2016 zum Insekt des Jahres gekürt. Springschwänze sind sogenannte Detritusfresser, das heißt, sie ernähren sich von pflanzlicher Streu und fühlen sich daher im Kompost pudelwohl.

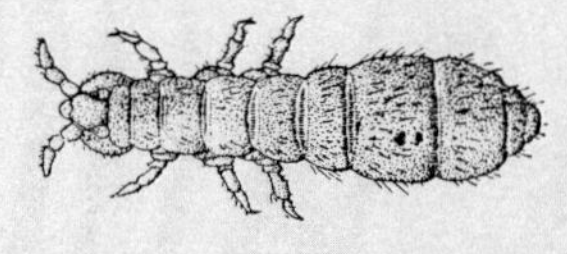

Milbe

Milben sind so klein, dass du sie mit bloßem Auge fast nicht sehen kannst. Würdest du sie unter einer Lupe anschauen, dann könntest du sehen, dass Milben 8 Beine haben und somit keine Insekten sind. Denn Insekten haben immer 6 Beine. Alle Tiere, die 8 Beine haben, gehören zu den Spinnen. Im Komposter finden sich vor allem Hornmilben, welche organisches Material zersetzen und Raubmilben, welche z. B. kleinere Milben und Fadenwürmer fressen. Milben sind ganz winzige Punkte und können weiß, braun oder rot sein. Fossilien legen nahe, dass es bereits zu Zeiten der Dinosaurier Milben gab, denn die ältesten fossilen Belege sind 380 Millionen Jahre alt. Schätzungen gehen davon aus, dass in einem kleinen Komposthaufen mit einer Kantenlänge von 1 m bis zu 50.000 Milben leben und arbeiten.

KOHL VERLAG Kompost im KiGa • Bestell-Nr. 12 841

Ameise

Da Ameisen Allesfresser sind und unter anderem tote Tiere und abgestorbene Pflanzen beseitigen, erscheinen sie im Allgemeinen als nützlich. Dennoch sind Ameisen eigentlich keine typischen Komposttiere und bei starkem Befall eher ein Zeichen dafür, dass der Kompost zu trocken ist. Wenn also Ameisen am Kompost unterwegs sind, dann wird es Zeit, den Kompost anzufeuchten. Ameisen haben 6 Beine und gehören somit zu den Insekten. Weltweit gibt es geschätze 30.000 unterschiedliche Arten. Bei Ameisen musst du etwas vorsichtig sein, denn wenn du eine Ameise bedrängst, dann wehrt sie sich und spritzt dir Ameisensäure auf die Haut. Diese brennt ganz schön.

Tausendfüßer

Tausendfüßer ernähren sich überwiegend von abgestorbenen Pflanzenteilen und gelten daher in der Natur als wichtige Abfallbeseitiger. Wie auch Kompostwürmer helfen sie dabei, totes organisches Material zu zerkleinern. Dazu zählen im Garten zum Beispiel Schnittgut vom Rasenmähen oder Herbstlaub. Tausendfüßer sind durchweg Vegetarier und für uns absolut harmlos. Wie der Name schon sagt, zeichnen sich die Tausendfüßer durch eine Vielzahl an Beinen aus, wobei es nicht wirklich 1000 Beine sind. Sie tragen an jedem Körpersegment jeweils 2 Beinpaare. Wusstest du schon, dass es auch Hundertfüßer gibt? Diese haben pro Segment nur ein Beinpaar und leben räuberisch. Es gibt tatsächlich Hundertfüßer, deren Biss ganz schön gefährlich werden kann ... aber diese Tiere leben nicht in unseren Komposthaufen, sondern nur in tropischen Ländern und im heißen Süden Europas.

KOHL VERLAG Kompost im KiGa • Bestell-Nr. 12 841

Ausmalbild – Fleißige Komposthelfer

Käfer

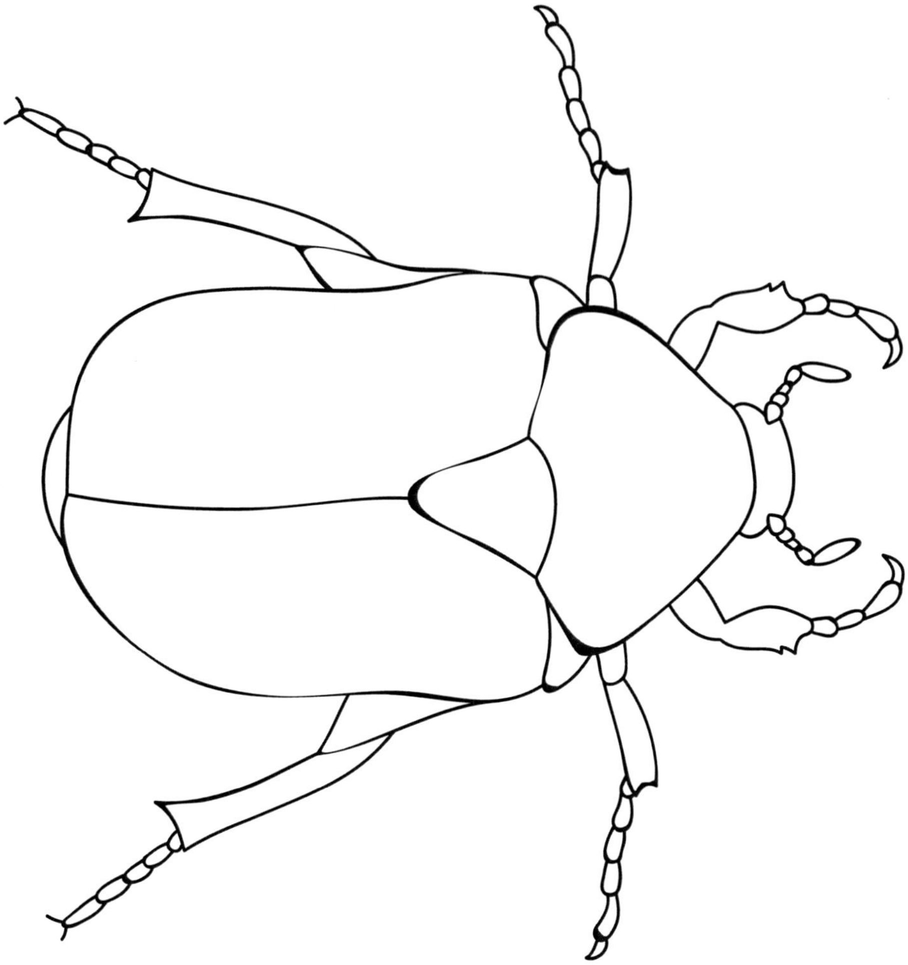

Für gewöhnlich leben die Engerlinge zweier Käferarten in unserem Kompost – das sind die Larven des Rosenkäfers und des Gemeinen Nashornkäfers. Beides sind geschützte Arten. Sie ernähren sich von totem pflanzlichen Material und fressen 3 - 5 Jahre lang, bevor sie sich verpuppen. Die Larven sind außergewöhnlich, denn sie werden fingerdick und bis zu 10 cm lang! Sowohl für die Larven, als auch für die ausgewachsenen Käfer gilt, dass sie für uns absolut harmlos sind. Diese Tiere sind ungiftig, haben keinen Stachel und können dich nicht beißen. Behandle diese (wie generell alle) Tiere mit Respekt und Achtung.

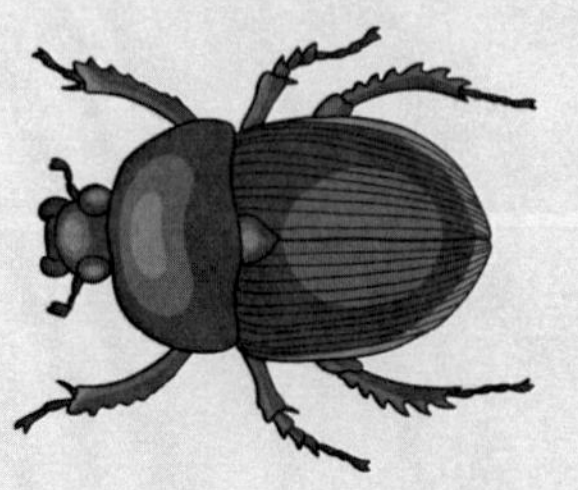

KOHL VERLAG Kompost im KiGa • Bestell-Nr. 12 841

Ausmalbild – Fleißige Komposthelfer

Schnecken lieben ein feuchtes und warmes Klima. Der Kompost bietet daher ideale Lebensbedingungen für diese Tiere. Sie sind auch ein wichtiger Teil des Kreislaufs, denn sie verwerten organische Reste. Solange sich die Schnecken nur auf dem Kompost befinden, besteht kein Handlungsbedarf. Problematisch sind eher die Eier der Schnecken. Die kleinen Kriecher legen ihre Eier in das Substrat und diese werden dann mit beim Ausbringen der fertigen Komposterde in den Garten verteilt. Generell unterscheiden wir zwischen Nacktschnecken und Gehäuseschnecken. Gehäuseschnecken richten keine Probleme im Garten an. Sie ernähren sich zum größten Teil von abgestorbenen Pflanzenteilen. Die geschützte Weinbergschnecke offenbart sich als Nützling, da sie die Eier der Nacktschnecken frisst.

Ausmalbild – Fleißige Komposthelfer

Spinne

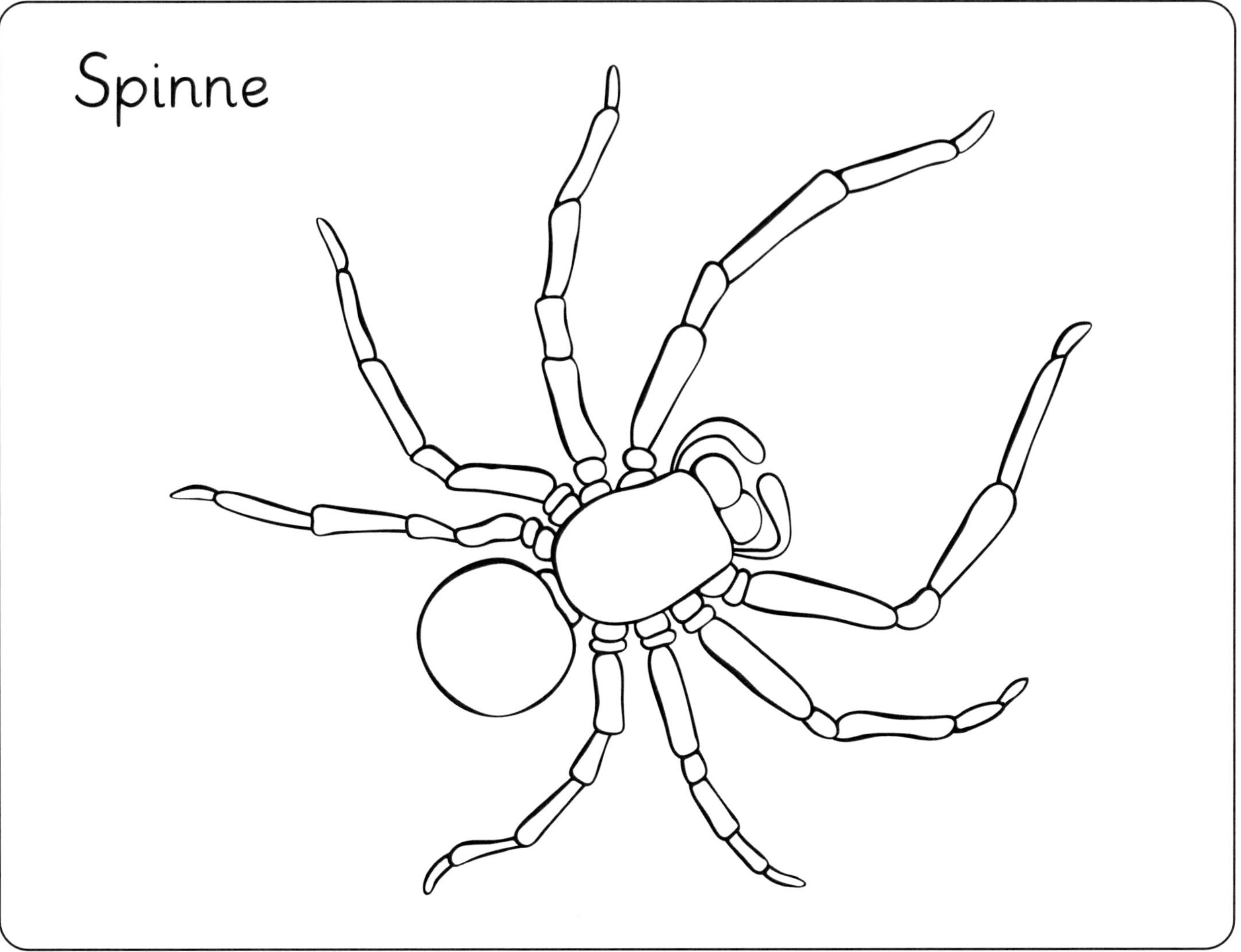

Spinnen sind Raubtiere, die sich mit Vorliebe andere kleinen Tiere fangen. Weil ein Komposthaufen unzählige Bewohner hat, finden sich auch immer wieder Spinnen in der unmittelbaren Nähe. Wie schon bei den Milben, so finden wir eben auch bei den „normalen" Spinnen 8 Beine. Außerdem hat eine Spinne den totalen Durchblick, denn sie hat immerhin 8 Augen. Für gewöhnlich sind Spinnen giftig, da sie mit Hilfe ihrer Giftklauen ihre Beutetiere erbeuten. Allerdings ist die Haut von uns Menschen zu dick und hart für die Spinnen in unseren Breitengraden. Es gibt nur ganz wenige Spinnen, die dich tatsächlich beißen können. In der Regel wird jede Spinne lieber wegrennen, als sich mit einem Menschen anzulegen. Es gibt also keinen Grund einer Spinne Schaden zuzufügen. Spinnen sind sehr nützliche Tiere, die beispielsweise auch die Gesamtzahl an Stechmücken oder Stubenfliegen regulieren.

KOHL VERLAG Kompost im KiGa • Bestell-Nr. 12 841

Lara betrachtet ihre Ausmalbilder und ist erstaunt. „Jetzt finde ich die kleinen Tierchen gar nicht mehr eklig. Und auch das mit dem Kreislauf hab ich jetzt verstanden. Der Apfelbaum nimmt durch den Humus wichtige Nährstoffe auf und kann damit leckere Äpfel machen. Wir essen die Äpfel und werfen die Reste auf unseren Kompost. Die kleinen Helferlein zersetzen die Apfelreste zu Humus und wir bringen diese Komposterde dann wieder zum Apfelbaum und dann geht das Ganze wieder von vorne los. Richtig Papa?", fragt Lara ganz erwartungsvoll. Ihr Papa dürckt Lara fest an sich und antwortet ihr stolz: „Ja, du hast absolut Recht. Das hast du super erklärt."

Im kommenden Frühjahr geht Lara gemeinsam mit ihren Eltern zum Komposter. Papa hat die Komposterde umgegraben und zeigt Lara nun den fertigen Humus.

„Hier ist es nun, das Gold des Gärners. Erinnerst du dich an die Geschichte?" fragt Laras Papa. „Jetzt können wir unseren Pflanzen und vor allem unserem Apfelbaum wieder Energie zurückgeben. Lass uns die Komposterde im Garten verteilen." Gemeinsam mit ihren Eltern düngt Lara nun das Gemüsebeet und die Blumenbeete.

Der Apfelbaum zeigt bereits erste kleine Blütenansätze. Lara freut sich jetzt schon auf die Apfelernte im Herbst und damit sie wieder so leckere Äpfel essen kann wie im letzten Jahr, verteilt sie rund um den großen Apfelbaum eine besonders große Handvoll Komposterde. „Guten Appetit Apfelbaum", flüstert Lara und streicht mit der Hand über die Rinde des Baumen.

Vorlesetext – Lara und der Kompost (6)

Lara und ihr Papa konnten die Erzieherinnen und Erzieher des Kindergartens mit ihrem Kompost-Projekt überzeugen. Laras Papa und ein paar andere Eltern haben gemeinsam einen Kompost geplant und zusammen mit den Kindern an einem geeigneten Platz im Kindigarten aufgebaut. Die Info-Tafeln „Was darf rein?" und „Was darf nicht rein?" hängen an einer extra gebauten Holztafel neben dem Komposter.

„Jetzt sollten wir aber einen neuen Dienst im Kindi einführen. Wir brauchen jetzt einen Kompostbeauftragten. Jede Woche sollte ein Kind diesen Dienst übernehmen. Und wir nennen ihn „Komposti". Wir stellen einen kleinen Eimer auf, in den jeder seine pflanzlichen Reste reinwerfen kann. Der Komposti kontrolliert den Inhalt und beantwortet die Fragen der anderen. Am Ende des Tages darf der Komposti den Eimer dann zum Komposter bringen und ausschütten. An heißen Tagen darf der Komposti etwas Wasser mit der Gießkanne ausbringen und einmal in der Woche darf er den Kompost gemeinsam mit einem Erwachsenen leicht umgraben. Wir besorgen eine kleine Gärtnerschürze für den Komposti." Der Vorschlag von Hilde, der Erzieherin aus der Maulwurf-Gruppe, wird begeistert angenommen.

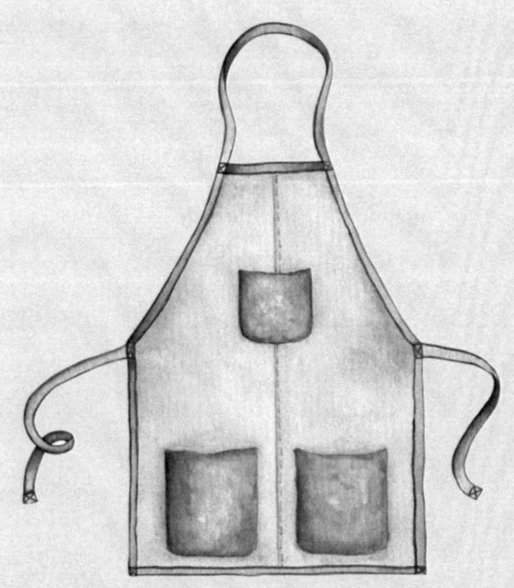

Bereits am nächsten Tag hängt die neue Bildkarte mit dem „Kompost-Dienst" an der Wand und direkt darunter hängt eine kleine grüne Schürze an einem Haken. Auch ein kleines Eimerchen steht jetzt bereit. Lara ist ganz erstaunt und freut sich sehr, als sie ihr eigenes Foto auf der Bildkarte sieht. „Guten Morgen Lara", sagt Hilde zu ihr. „Das ganze Kompost-Projekt hast du ja erst ins Rollen gebracht. Da war es selbstverständlich, dass du auch der erste „Komposti" sein darfst. Außerdem habe ich mir noch gedacht, dass wir ja den Komposter und die Infotafel etwas dekorieren könnten. Ich habe ein paar Faltfiguren besorgt. So können wir zum Beispiel viele bunte Windräder basteln und anbringen. Und ich habe auch noch ein paar Rätsel und Malbilder gefunden. Ich finde es wirklich toll, dass du dich so für den Umweltschutz einsetzt."

„Hallo Lara", ruft Amelie. „Ich habe eben eine Karotte gefrühstückt, aber den Stunk mag ich nicht. Darf ich den in den Eimer werfen?" „Ja, das geht", antwortet Lara stolz. Und so beginnt Lara ihren ersten Tag als Komposti …

Bildkarte – Kompost-Dienst

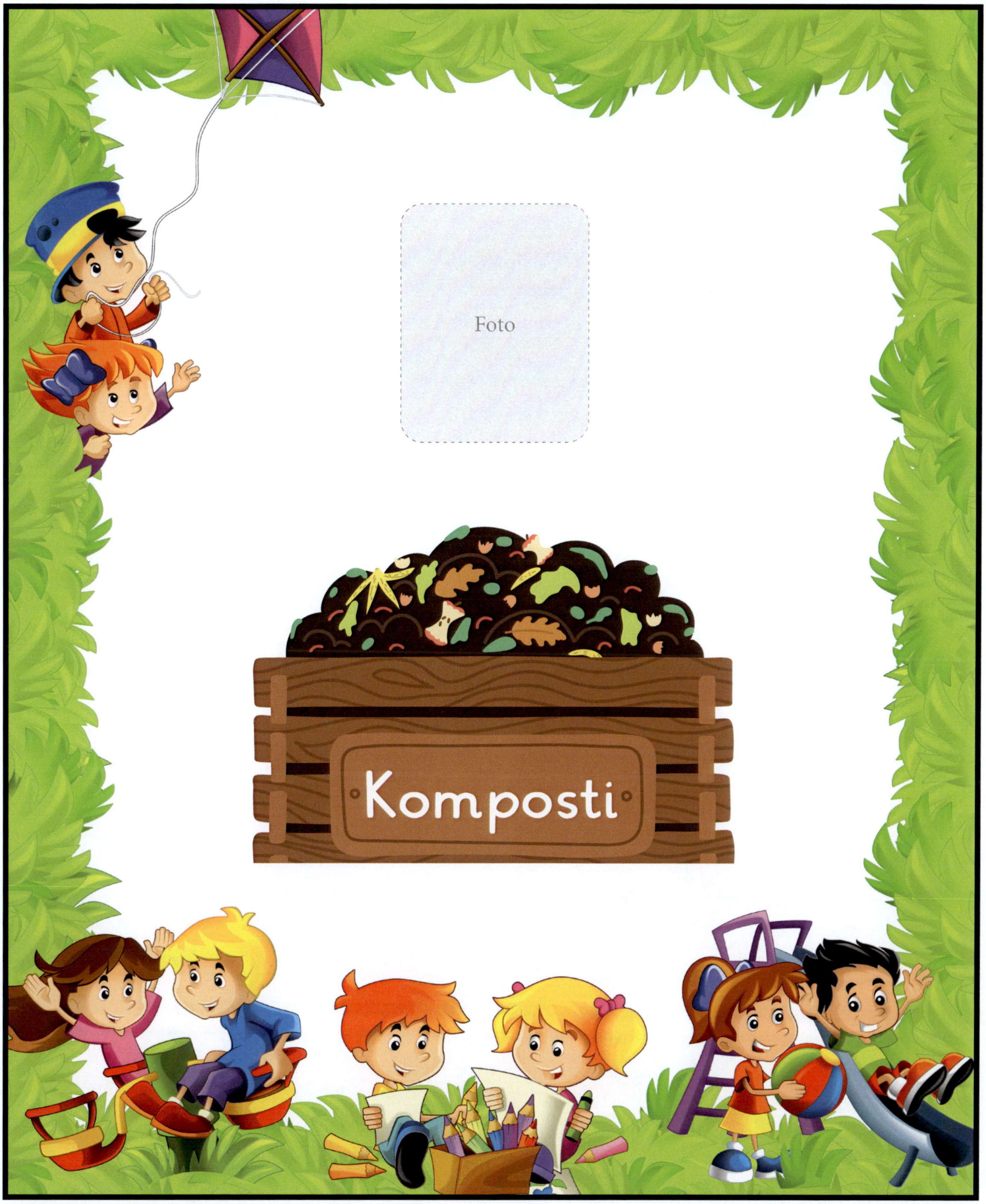

Foto

Komposti

Ausschneiden und laminieren. Beim Laminieren könnte man einen Magnetstreifen auf das graue Fotofeld legen und einschweißen, so könnten magnetische Bilder der Kinder leicht angebracht werden.

Faltfigur Kompostwurm

Richten Sie ein Stück quadratisches Papier und folgen den Faltanweisungen. Farbiges Papier und Klebeaugen bringen bunte Vielfalt. Lassen Sie der Kreativität der Kinder freien Lauf und es entsteht eine bunte Wurmparade ...

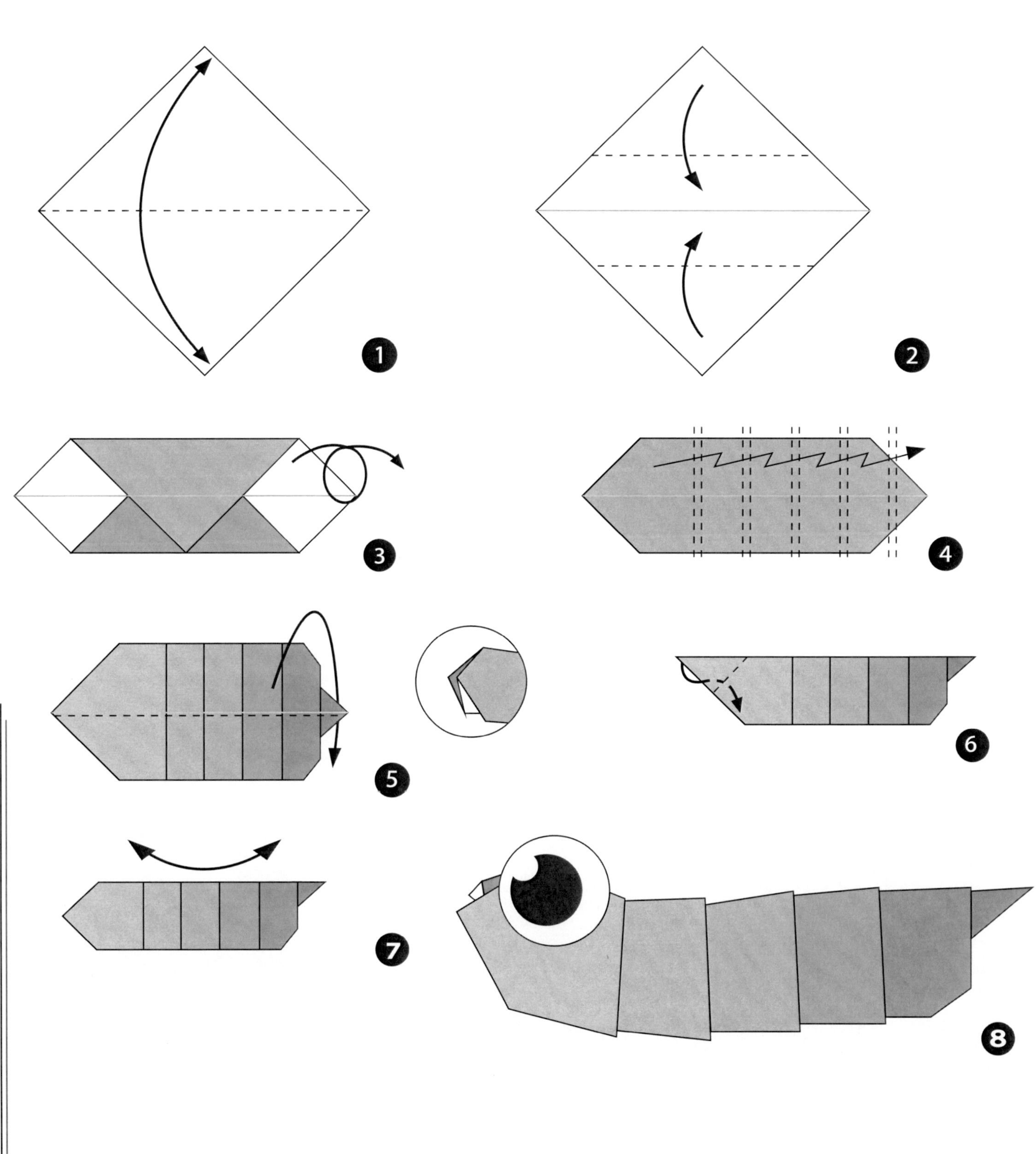

Lernen mit Erfolg KOHL VERLAG Kompost im KiGa • Bestell-Nr. 12 841

Faltfigur Käfer

Richten Sie ein Stück quadratisches Papier und folgen den Faltanweisungen. Farbiges Papier und Klebeaugen bringen bunte Vielfalt. Lassen Sie der Kreativität der Kinder freien Lauf und es entsteht eine bunte Käferschar …

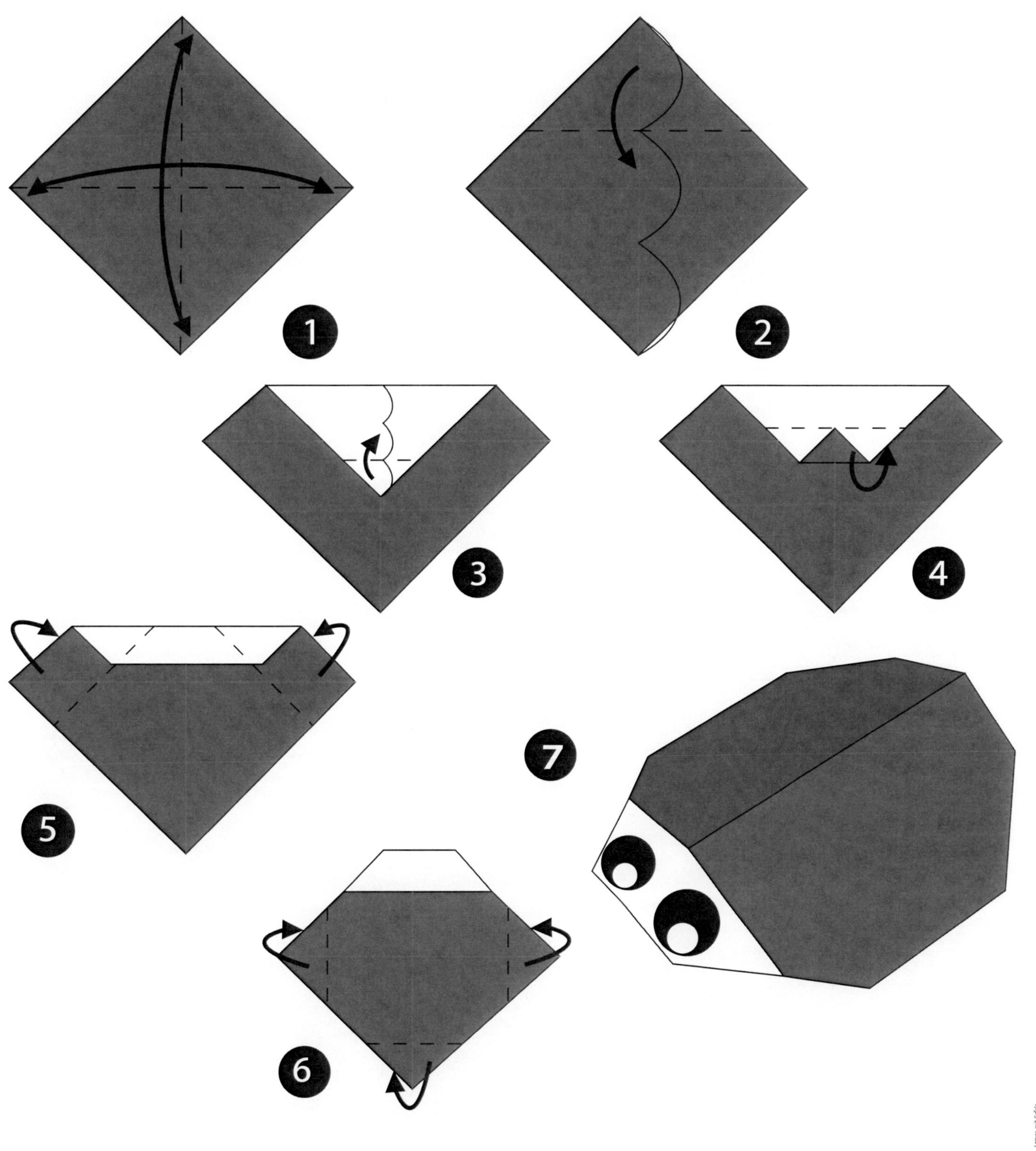

KOHL VERLAG Kompost im KiGa • Bestell-Nr. 12 841

Faltfigur Schnecke

Richten Sie ein Stück quadratisches Papier und folgen den Faltanweisungen. Farbiges Papier und Klebeaugen bringen bunte Vielfalt. Lassen Sie der Kreativität der Kinder freien Lauf und es entsteht eine bunte Schneckengruppe ...

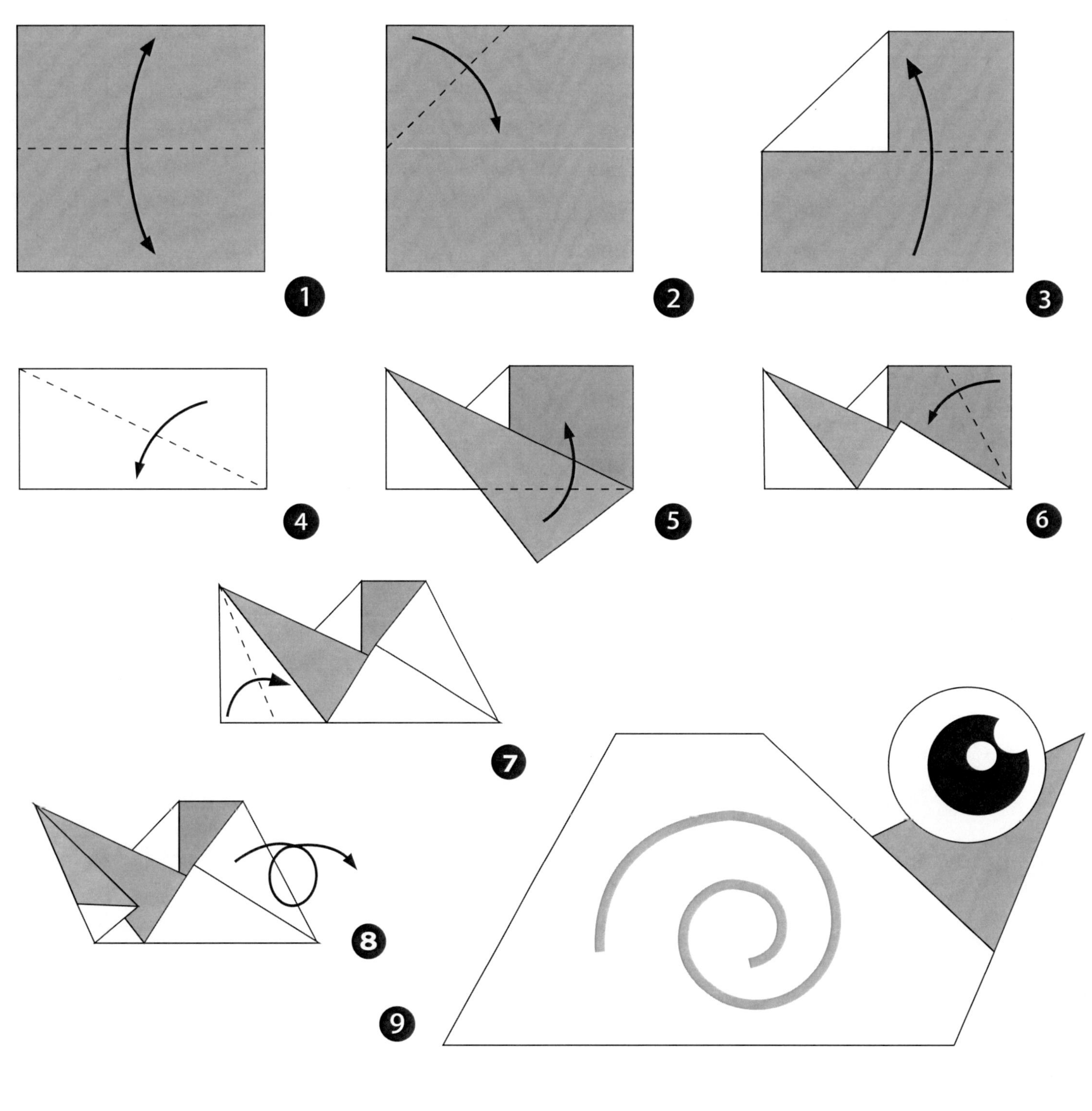

KOHL VERLAG Lernen mit Erfolg Kompost im KiGa • Bestell-Nr. 12 841

Faltfigur Windrad am Kompost

Richten Sie ein Stück quadratisches Papier und folgen den Faltanweisungen. Farbiges Papier bringt bunte Vielfalt. Sie benötigen noch Stäbe und Nadeln. Lassen Sie der Kreativität der Kinder freien Lauf.

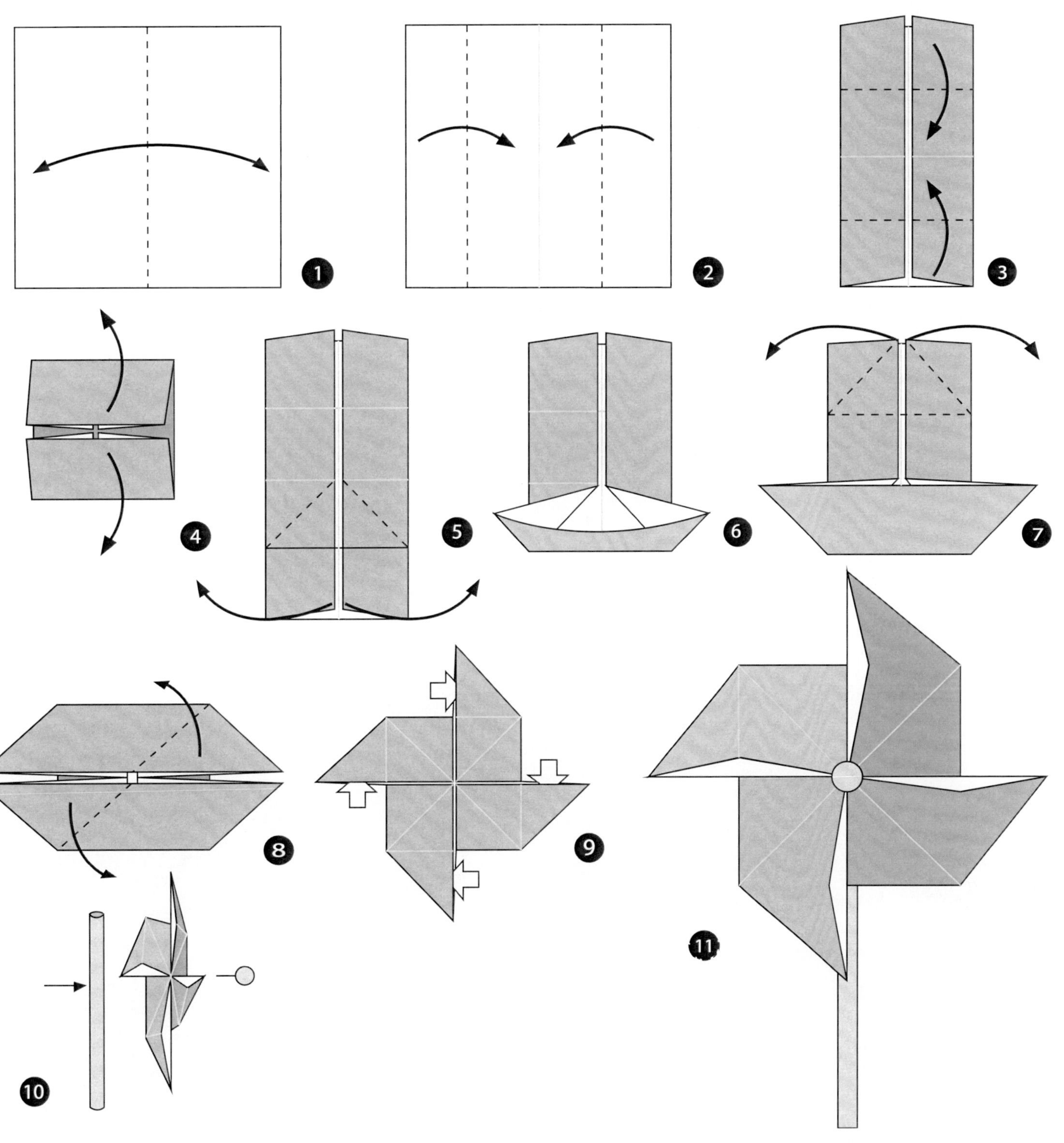

Kompost im KiGa • Bestell-Nr. 12 841
KOHL VERLAG

KV – Was darf rein, was nicht? Verbinde!

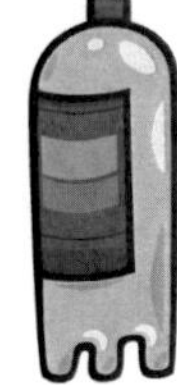

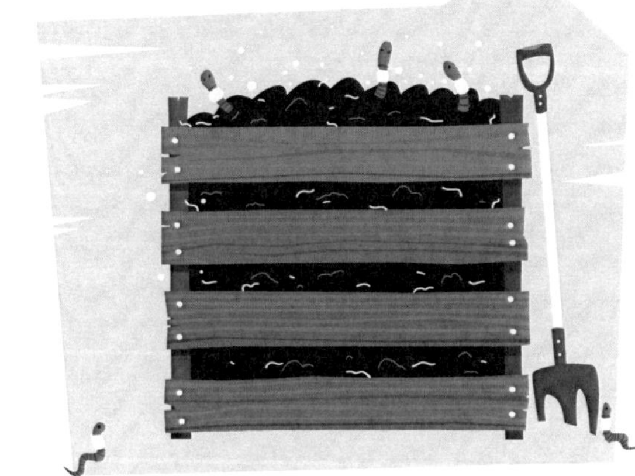

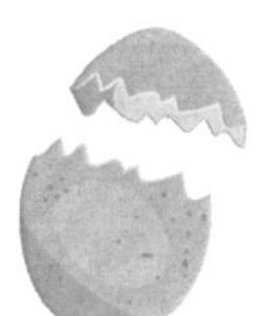

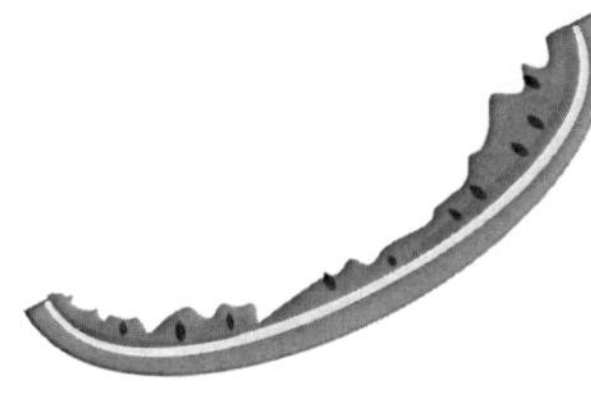

KV – Lara im Labyrinth

Hilf Lara dabei, den richtigen Weg zum Kompost zu finden.

KOHL VERLAG Lernen mit Erfolg • Kompost im KiGa • Bestell-Nr. 12 841

KV – Die kleinen Helferlein im Kompost

KV – Lara auf Umwegen

KV – Tausendfüßer auf dem Weg zum Kompost
Finde 10 Unterschiede

KV – Gartensuchbild

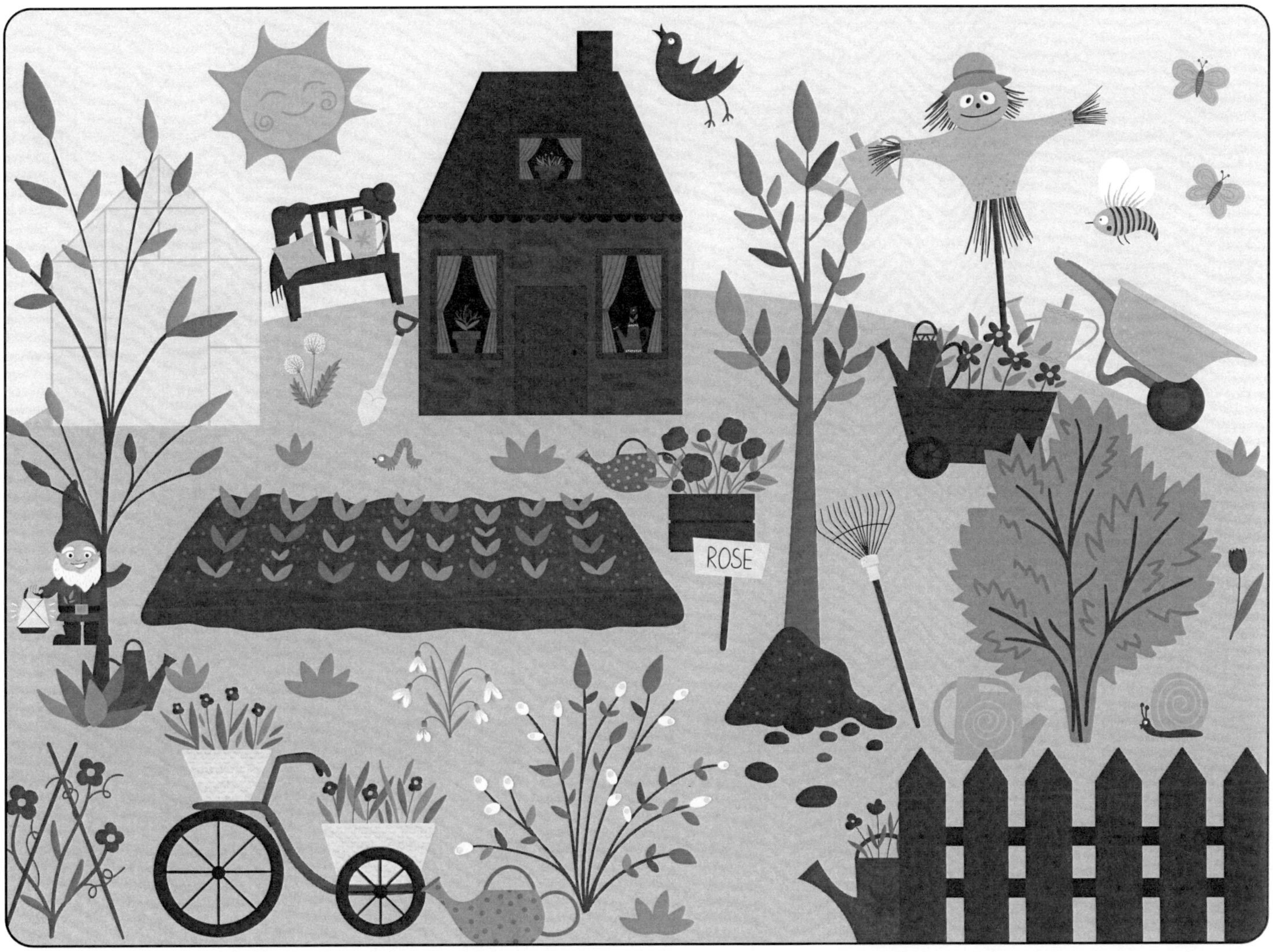

KOHL VERLAG Komposit im KiGa • Bestell-Nr. 12 841

KV – Ein Helferlein ab Abwegen

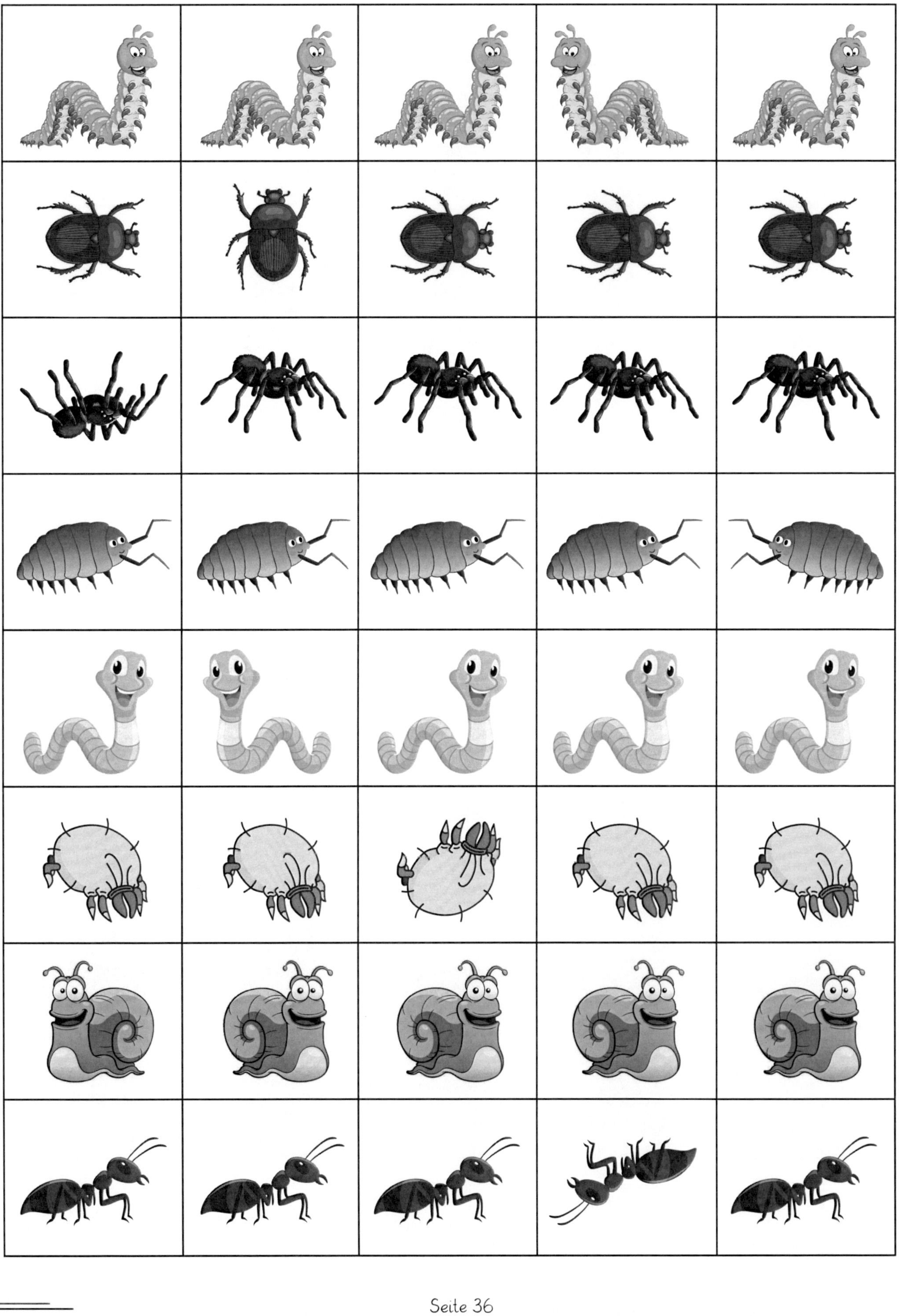

KV – Punktebild Kompostwurm

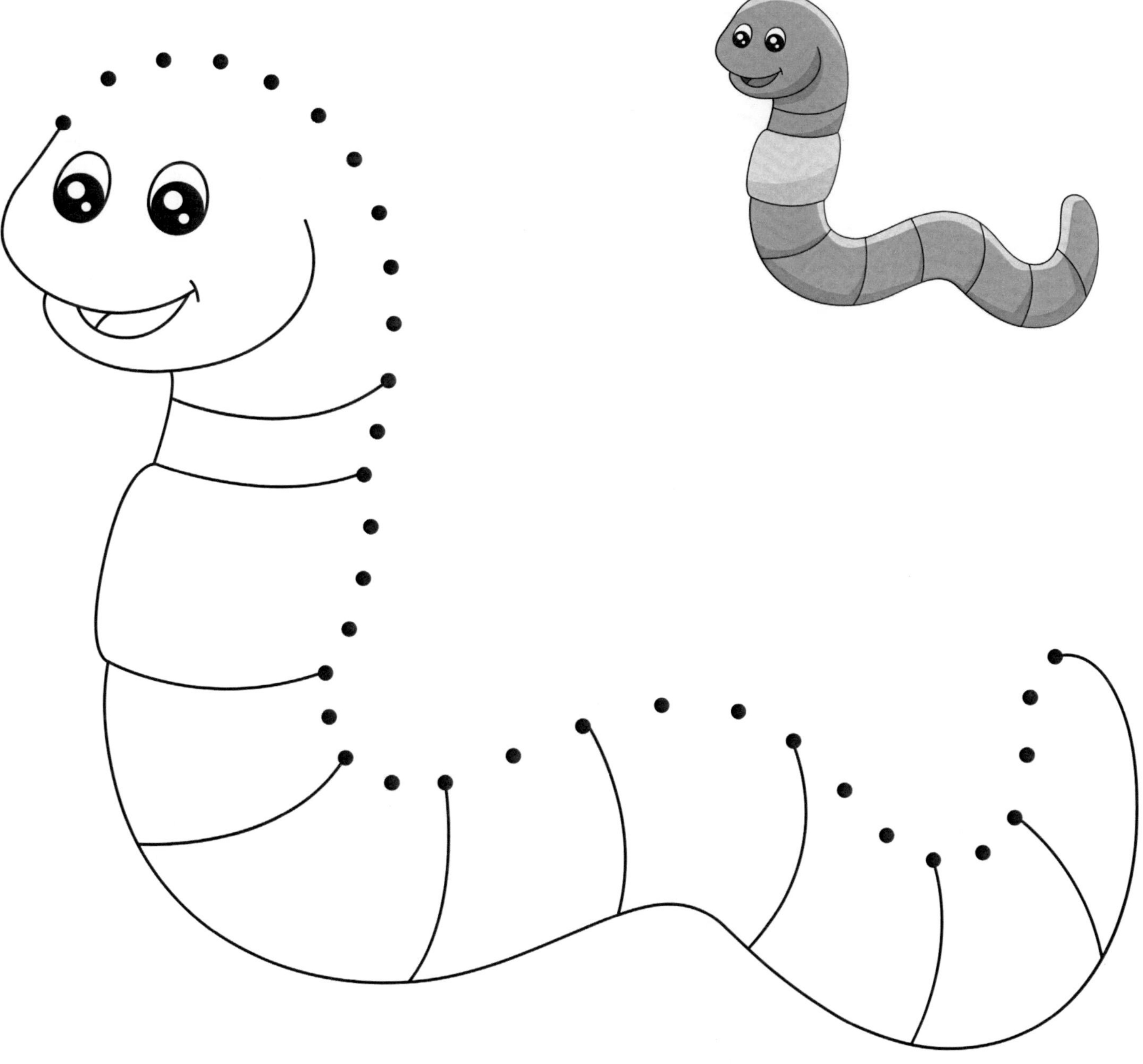

KOHL VERLAG Lernen mit Erfolg Kompost im KiGa • Bestell-Nr. 12 841

KV – Malen nach Zahlen

KV – Malbild Ameisen

Lösungen

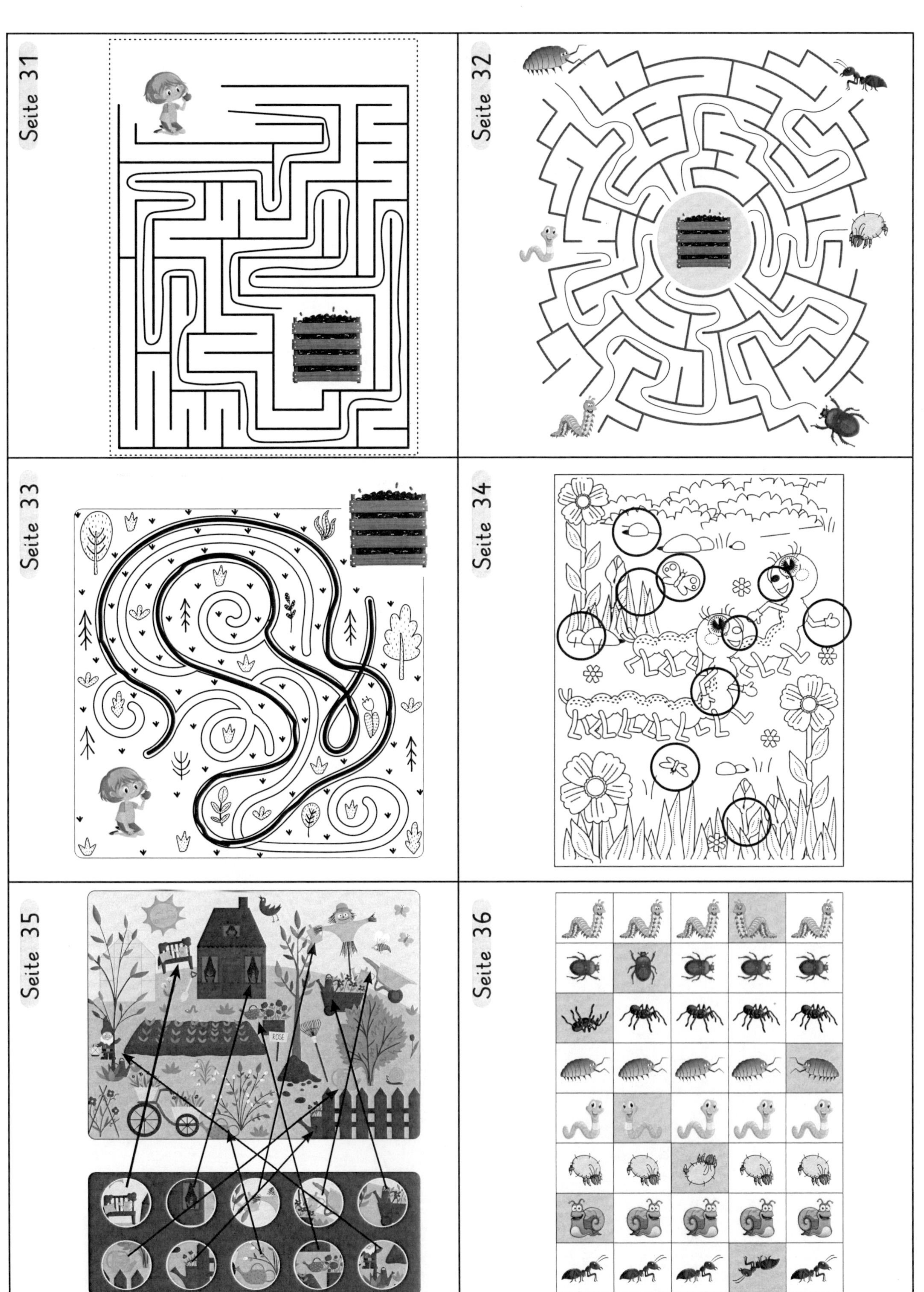